THI
BEL

[illegible]

[illegible]

Made in the USA
Monee, IL
28 November 2021

83273312R00056